Madame
Poipoi

Monsieur
Henri

Gino
Marto

Rémi
Lepoivre

Adrien
Dubouchon

Mélan
Lano

Tom-Tom et Nana

Bienvenue au club !

Scénario : Jacqueline Cohen, Evelyne Reberg.
Dessins : Bernadette Després - Couleurs : Catherine Legrand.

BAYARD ÉDITIONS

Marie-Lou
Dubouchon

Yvonne
Dubouchon

Nana
Dubouchon

Tom-Tom
Dubouchon

Huitième édition
© Bayard Éditions / J'aime Lire, 1995
ISBN : 2.227 731 02.8
Dépôt légal : mai 1995
Droits de reproduction et de traduction réservés pour tous pays
Imprimé en France par Pollina - n° 80015.b

Le Tom-Tom Club

Mettez vite vos uniformes!

Oui, chef!

Tous en rang pour l'inspection!

Ah, ça commence bien!... J'avais dit tous pareils, les bandeaux!

Redresse-moi ça! On n'est pas un club de pirates.

Oui, chef!

J'y vois plus rien!

Bon, passons à l'action!

3-8 (96)

Une heure plus tard... Qu'est-ce qu'ils font ? Ma parole, ils m'ont lâché!

?

Oh, les traîtres!

Le voilà !!

Tom-Tom, j'ai des patates à éplucher! ...Deux poubelles à astiquer!

...Mon toutou à coiffer!

??!!!

LE GÉNIAL TOM-TOM vous offre ses services! Accepte tous travaux même idiots. 24h/24 Gratuit

PAF!

BOUM!

FIN

Le record du siècle

Tu ne peux pas rester une minute tranquille ?!!

Hein ! Moi ? **Hein ! Moi ?** Hein ! Moi ?

PLOC !

Ni même une seconde ?

Mais bien sûr que si !

Je peux rester des heures sans bouger !

Pfff !

Moi, madame, je peux battre *le record du monde d'immobilité !*

Eh bien, fais-le tout de suite !!

209-2

16

209-3

17

Ça y est, je suis prêt !

Un petit coup de peigne !

Et c'est parti !

Top, chrono !!

Vas-y Tom-Tom !

Tiens bon !

Une seconde !...

STOP !

Ça me gratte sous le pied !

209-5

19

209-7

21

Amélie chérie

C'est qui, cette Amélie?

Ben... Une nouvelle copine! Je crois qu'elle habite chez Rémi Lepoivre!

Les enfants l'adorent!

Depuis qu'ils vont la voir...

CLIC!

CLAC!

... ils ne regardent même plus la télé!

Epatant, non?

Ohé! Vous venez chez moi voir Amélie!

Oui, oui!

PANG!

En avant!

Hourra!

Vive Amélie!

Hé! Attendez!

Une petite seconde!

???

Tenez! C'est pour vous et votre copine adorée!

Chic!

On peut rentrer un peu tard, papa?

Bien sûr, si les Lepoivre sont d'accord!

A LA BONNE FOURCHETTE

CAFÉ - BAR - RESTAURANT

212-3

Le lendemain...

Oh, madame Lepoivre!

Alors, votre Amélie, comment va-t-elle?

Amélie?... Quelle Amélie??

Ben... la petite qui... qui joue dans votre cave!

Hein?

Catastrophe!

Dans ma cave, il n'y a que la chaudière...

212-7

31

...Et hop! Dans son carrosse!

Sous la couverture!

PFOOUU! C'est lourd!

On va la mettre chez moi, dans le grenier!

Vite! On va rater le feuilleton!...

212-B

Pendant ce temps, dans le grenier de Sophie...

3... 2... 1... zéro !
Je branche Amélie !

Elle marche, notre télé chérie !

Ça commence !

Chouette !

FIN

Une panne de cahier

Toi, je parie que tu as un devoir à faire !

Ouiiii ! Le maître veut qu'on écrive un texte !

"Racontez quelque chose d'extraordinaire qui vous est arrivé"...

Et il ne m'arrive jamais rien !

Mais si !

L'autre jour tu as avalé une mouche !

Pfff !

Et puis, tu te rappelles... quand j'ai gagné au monopoly ?

Idiote !

208·2

36

37

Mais j'ai tout bien ramassé !

Regarde ! J'ai même une vieille semelle !

C'est peut-être Rémi qui te l'a pris !

Le voleur ! Je vais lui passer un savon !

Rémi ! Rends-moi mon cahier immédiatement !

Tu es fou je ne l'ai pas !

Et toi, rends-moi ma trousse, mon cahier de poésie, mon livre de calcul...

Euh... bon,... à demain...

Essaye les autres !

208-5

39

Allo, Alexandre?...

Allo, Sophie?...

Allo, Virginie?...

Ils ne l'ont pas!... Ou ils ne VEULENT PAS me le rendre!!!

Bou-ouh-ouh!

Mmm...

Bouh!...

Dans les cas désespérés, Super-Nana a toujours une idée!

?!?

PHAR

208-6

40

Waouh! Tom-Tom! Super! En quoi tu t'es déguisé ?

Chut! Taisez-vous, c'est une ruse!! Ah?

Courage, mon frère !

Ooooh !!! Mon pauvre Tom-Tom! Qu'est-ce qui t'est arrivé ?

Mmmfff...

208-8

42

Tu n'as pas fait ton devoir je suppose !

Si justement ! J'avais écrit 10 lignes, sans une faute !

Soudain, un orage effroyable a éclaté !

BLOUM !

On aurait dit la guerre atomique !

Tonnerre ! Eclairs ! BRAAOUM ! Le plafond est tombé sur ma tête !...

Mon Dieu !

Et ton cahier est parti en fumée, foudroyé !

C'est ça !! Vous avez deviné !

208-9

43

L'école des vacances

...C'est les vacances! Quand il y a l'école, faut voir leur tête!

C'est même pas vrai! Pourquoi tu dis ça?

Tu nous accuses toujours!

Tiens, pour te montrer, on va y aller à l'école!

POF!

PAF!

PAF!

PIF!

On sera les seuls écoliers de France!

En plein mois de juillet!

Enfin! C'est idiot!

210-2

46

Tom-Tom et Nana : bienvenue au club !

Un peu après...
On a pris nos cartables neufs, na !

On va les remplir à mort !

Avec quoi ?

Mais...

PANG!

Tiens, des livres !

ANNUAIRE DU TÉLÉPHONE

CATALOGUE des FROMAGES

L'Art des Fruits

Encore des livres !

Super !

1.000 recettes de PURÉE

LA BEAUTÉ en 3 leçons

On va tout apprendre par cœur !

Remettez tout en place ! Vous n'allez pas...

210-3

53

La nuit des héros

Tu vas sauter de 50 mètres, attaché par les pieds !

Euh...

Ça va être génial !

Allez ! Bonne nuit !

Ziiip!

Ça suffit ! Sortez ! Vous avez une jolie chambre qui vous attend !

Chut ! On dort !

Vous allez avoir froid ! Vous allez avoir peur !

Viens te coucher Adrien !

RROON!

PCHiiii !

211-3

211-5

59

Pendant ce temps...

Tom-Tom... tu entends ?

Quoi ?

Ce silence !!! C'est affreux !

Bouche-toi les oreilles !

Je... je crois que j'ai un tout petit peu... peur !

Tais-toi ! Je t'interdis d'en parler !

Donne-moi la main !

NON !

Juste une minute !

Lâche-moi ! Tu me griffes !!

211-7

Tom-Tom et Nana : bienvenue au club !

(211.9)

Drôle de danse

(214-5)

« Allez, annonce la grande nouvelle !... » « Vous êtes invités, demain, à la fête du club ! »

« Il y aura toute la classe de Tom-Tom, et même son maître ! »

« On ne connaît pas encore le nom du ballet... »

« Ah ? »

« Ce sera une surprise ! Et madame Pompon va travailler toute la nuit pour finir nos costumes ! »

214-6

70

Le lendemain...

Alors, prête pour le spectacle !

Oh non, j'ai mal partout !

Aux cheveux ! Aux genoux !

Je suis toute moulue !

J'ai mal au ventre !

Je ne peux pas y aller !

Ça, c'est le trac des grands artistes !

Aïe !

Je... je... je peux y aller à ta place ?

Oh ! Tu veux bien ?

Vas-y, fonce !

214.7

71

Le cahier interdit

Regarde celle-là !

Affreuse !

Nulle ! Ratée !

Sale ! Trouée !

Et zut ! Fais-le tout seul, ton cahier d'automne ! Tu auras un zéro !

NOOON !

Attends ! J'ai peut-être une idée !

Je sais où il y a les plus belles feuilles du monde !

Où ça !

Dans la chambre de Marie-Lou !

213-3

"Mémed, je t'aime, je t'aime, je t'aime, je t'aime...

... je t'aime TROP !!!"

Malheur ! C'est le cahier d'amour de Marie-Lou !

Et regarde ça !

Quiconque touchera à ce cahier sera puni de MORT !!! Marie-Lou

On est cuits ! Il faut tout recoller !

Ah, non ?

On n'a abîmé que 3 pages ! Suffit de les coller ensemble, et hop ! Ni vu, ni connu !

213-5

Le Bouzillator de Noël

87

215-3

Tom-Tom et Nana : bienvenue au club !

215-7

Le matin de Noël...

Les enfants, venez voir vos cadeaux!

Pfff! Ça va être nul!

Allons-y quand même... Pour leur faire plaisir!

Regardez la jolie petite ferme!

Il y a même une grenouille! Croa! Croa!

Oh! Des pyjamas neufs!

PLOC! PLOC!

215-8

Retrouve tes héros dans le CD-ROM

Des jeux inventifs et un atelier de création
dans l'univers plein d'humour et de tendresse
des héros favoris des enfants de 7 à 12 ans.

CD-ROM MAC/PC

BAYARD PRESSE

N° Éditeur 6109
Bayard Éditions / J'aime Lire,
Les aventures de Tom-Tom Dubouchon sont publiées
chaque mois dans J'aime Lire
le journal pour aimer lire.
J'aime Lire, 3 rue Bayard - 75008 Paris.
Cette collection est une réalisation
de Bayard Éditions.